AF563691

AVIS

AUX FRANÇAIS.

AVIS

AUX FRANÇAIS,

PAR MAILHE,

Ex-député, déporté par la loi du 19 fructidor, an V.

A PARIS,

Chez { GUILLAUME, Libraire, rue de l'Eperon, n°. 12.
DEBRAY, Libraire, Palais-Egalité, galeries de bois.

AN VII.

AVIS
AUX FRANÇAIS,

Par MAILHE, *ex-député, déporté par la loi du 19 fructidor, an V.* *

PASSANT, il y a quelques jours, le long d'un quai, vers les six heures du soir, je fus coudoyé par un citoyen, qui s'arrêta pour me fixer. Il n'en falloit pas tant pour me déterminer à précipiter mes pas. Un instant après, je me sentis frapper sur l'épaule, et j'entendis aussitôt une voix qui me dit : Pourquoi me fuis-tu, regarde-moi, et tu reconnoîtras bientôt que tu n'as rien à craindre de ma part. Je me rappelai, en effet, qu'il étoit venu chez moi, après le neuf thermidor, me remercier des soins que je m'étois donnés pour

* L'original de cette pièce est déposé chez le cit. Bro, notaire, rue Sulpice, près la rue Garancière, n°. 722.

le recouvrement de sa liberté, et que je l'avois vu ensuite dans plusieurs autres occasions. Nous fîmes quelques tours sur le quai, malgré que le temps ne fût rien moins que favorable à la promenade; puis, il me dit qu'il étoit invité à un souper, où devoient se trouver quelques jolies femmes; et il me proposa de m'introduire dans cette partie de plaisir. Nous arrivâmes chez l'Amphytrion, quelques heures avant celle du rendez-vous. C'étoit un homme assez avancé en âge, gros, gras, et cependant vif et dispos. Nous le trouvâmes auprès d'un bon feu, causant avec un jeune homme long, pâle, sec, et costumé à-peu-près comme on l'étoit en 93. Ils figurent l'un et l'autre dans le dialogue qui suit, savoir: le premier, sous le nom de *Terrier;* le second, sous le nom de *Saturnin. Mitigat,* mon introducteur, me présenta sous mon véritable nom, et avec ma triste épithète de déporté. Terrier, et sur-tout Saturnin, prétendirent me connoître de réputation, et pour avoir entendu ou lu mes opinions politiques. Ce dernier ajouta : « Je suis « frappé par l'acte du 22 floréal comme « tu l'es par la loi du 19 fructidor ; con- « solons-nous-en, tout cela pourra se « réparer. » J'avoue que je fus effrayé de me trouver avec un tel homme ; mais il n'étoit plus temps de reculer. Je pris mon parti.

La conversation s'engagea d'abord en termes vagues sur les deux lois dont je viens de parler ; et l'on arriva insensiblement au point où commence le dialogue.

Révolté des opinions et des propos de Saturnin et de Terrier, je me retirai au moment du souper ; et comme je me trouvois dans un quartier très-éloigné de mon asyle, et que nul n'est moins versé que moi dans la connoissance des rues de Paris, Mitigat voulut bien m'accompagner. Comment appelles-tu, lui dis-je en chemin, les deux sots que nous venons de quitter ? N'as-tu pas vu, me répondit-il, qu'avant notre discussion ils m'ont parlé à l'oreille ? C'étoit pour me recommander de ne point prononcer leurs noms, et de te les laisser ignorer, dans le cas où tu n'entrerois pas dans leurs vues. Je l'ai promis, et je dois tenir ma parole. — Je te jure que ma curiosité étoit sans objet. Quand même je connoîtrois leurs noms, je les déguiserois dans le dialogue que je me propose de rédiger. — Quoi! sérieusement, tu veux faire cette rédaction? — Rien n'est plus certain; et, si tu y consens, je t'y ferai parler sous ton véritable nom. Les opinions que tu as énoncées ne peuvent que te faire honneur. — Garde-t'en bien; je te désavouerois. Je n'ai nulle envie de me mettre en spectacle, et je me trouve trop bien de mon obscurité, pour vouloir jamais en sortir. — Je ne saurois blâmer ta détermination. Plût-à-dieu que, dans le temps, j'en eusse pris une semblable, et que je l'eusse toujours observée!

Ainsi le nom de *Mitigat* est supposé comme ceux de *Saturnin* et de *Terrier*. On ne doit pas non plus s'attendre à retrouver ici avec une scrupuleuse exactitude, soit l'ordre des idées émises par les interlocuteurs, soit la contexture de leurs expressions. Eussé-je voulu m'y assujettir, ma mémoire ne m'auroit pas servi jusques-là; mais il est certain que la substance du dialogue est purement historique. J'ai cru que la publication pourroit en être utile dans un temps où des factieux de diverses couleurs ne cessent de rêver la dissolution du gouvernement. Le hasard m'a fourni en effet d'autres occasions de voir des royalistes aux prises avec des hommes tels que Mitigat. J'en ai vu sourire aux fureurs délirantes que quelques anarchistes manifestent contre le directoire, et dans leurs discours, et dans leurs écrits. J'en ai entendu dire qu'il n'y avoit d'espoir pour le prétendant que dans la réunion des anarchistes et des royalistes. D'autres prétendoient avoir appris que cette réunion existoit réellement entre les chefs des deux partis. Les insensés! ils ne voient pas que si l'anarchie pouvoit renverser le gouvernement, deux mois lui suffiroient pour réaliser l'extermination méditée par Babœuf; ils ne voient pas que leur réunion, même avec les anarchistes, ne les conduiroit pas à leur but, ou que du moins ils n'y arriveroient que morts, ou irrévocablement privés de tout ce qui leur est cher; que cette réunion ne pourroit en effet se cimenter que par un accord et une série interminable de proscriptions respectivement dirigées contre les hommes des deux partis originaires; que, si elle résistoit aux efforts des républicains, elle seroit divisée, avant la consommation de l'objet de son monstrueux traité, par la nature et le but du crime qui l'auroient formée; que sa persévérance et ses succès mêmes convertiroient la France en une mer de sang, sans port et sans rivages; qu'alors sans doute le prétendant, et les rois auxiliaires qu'il auroit admis au partage du territoire de la république, pourroient s'emparer de leur proie, mais qu'ils ne trouveroient plus à régner que sur des cadavres, des décombres et des déserts.

Français, croyez-en la funeste expérience que j'ai acquise dans la révolution.

Quelles que soient vos opinions, vous avez tous un intérêt commun, c'est celui de prévenir toute secousse dans l'ordre établi par la constitution, d'abjurer tout esprit de haine et de passions particulières, de fermer les yeux sur le passé, de ne les tenir ouverts que sur le présent et l'avenir, de vous rallier autour du gouvernement, de lui aider franchement à consolider les grandes destinées de la France; qu'il ne voie plus d'ennemis dans l'intérieur, qu'il puisse porter toute son attention et ses forces au-dehors, et bientôt vous verrez disparoître les nouveaux mouvemens de discorde et de guerre que la perfidie britannique cherche à souffler sur l'un et l'autre hémisphère; et bientôt vous sentirez jusqu'où peuvent se porter les jouissances de votre constitution, et bientôt il ne sera pas un de vous qui ne se glorifie d'avoir sacrifié quelques vains préjugés au repos public et à la félicité générale.

Français, le bonheur est dans vos mains, malheur à vous, si vous le laissez échapper!

On croira peut-être que je cherche ici à me faire valoir; non. Mon sort est décidé. Compris dans une mesure terrible, dont j'ai reconnu trop tard la nécessité, je n'attends, et ne demande aucune grace particulière ; bien déterminé cependant à mourir, s'il le faut, plutôt que de laisser grossir de mon nom l'infâme liste des émigrés, je me présenterai pour subir ma destinée. Quand je serai au lieu de ma déportation, je compléterai, s'il m'est possible, la rédaction du dialogue qu'on va lire; car la crainte d'être trop long dans ce premier écrit, ne m'a permis d'y ramener qu'une partie des objets vraiment importans qui avoient été discutés entre les quatre interlocuteurs.

MAILHE.

DIALOGUE

Entre TERRIER, *royaliste forcené;* SATURNIN, *anarchiste, repoussé du corps législatif par la loi du 22 floréal;* MITIGAT, *royaliste par penchant, mais républicain par raison; et* MAILHE, *condamné à la déportation par la loi du 19 fructidor.*

TERRIER.

Puisque nous nous trouvons réunis ici tous quatre, nous en profiterons pour discuter un projet politique que vous ne connoissez encore, ni vous, Mailhe, ni vous, Mitigat; mais j'en suis déjà d'accord avec Saturnin, et nous pouvons en conférer sans crainte de trouble, en attendant le souper.

MAILHE.

Ce citoyen, que vous appelez Saturnin, ne disoit-il pas tout-à-l'heure qu'il est un de ceux qui furent repoussés du corps législatif par la loi du 22 floréal?

TERRIER.

Oui, et il n'en vaut que mieux.

MAILHE.

Mais, si je ne me trompe, vous êtes un royaliste bien prononcé; c'est du moins sous ce rapport que Mitigat m'a prévenu sur votre compte : comment donc se fait-il que vous puissiez être d'accord avec un anarchiste sur quelque objet politique?

SATURNIN.

Il sied bien à un royaliste fructidorisé de me qualifier d'anarchiste.

MAILHE.

Je desire que tu ne sois pas plus anarchiste que je ne suis royaliste : mais enfin......

TERRIER.

Mes amis, point de querelles, il s'agit au contraire de se rapprocher; eh!

qu'importent quelques nuances dans les opinions? le point essentiel est de marcher vers le même but. J'y marche de concert ave Saturnin ; et si vous consentez l'un et l'autre (en s'adressant à Mailhe et Mitigat) à joindre vos ressources aux nôtres, comme je n'en doute point, nous ne tarderons pas à renverser notre ennemi commun.

MAILHE, (*bas à Mitigat.*)

Est-ce dans un conciliabule de conspirateurs que tu m'as attiré?

MITIGAT, (*bas à Mailhe.*)

Je m'en doute comme toi; mais j'ai cru, je te le jure, qu'il ne s'agissoit que de nous égayer dans un souper agréable. Dissimulons cependant, pour voir quelle est leur trame.

TERRIER.

Les amis de la monarchie et de Louis XVIII ont échoué dans tous leurs complots. Les partisans du régime qui précéda le 9 thermidor ont également succombé dans les divers combats qu'ils ont livrés à la constitution ; et ce résultat, de part et d'autre, étoit infaillible, toutes les fois qu'il arrivoit, par je ne sais quelle fatalité, que les uns se trouvoient réciproquement réunis contre les autres sous l'étendard des républicains.

Le plus souvent on a vu les royalistes et les anarchistes combiner leurs attaques sous les mêmes drapeaux ; mais alors ils n'ont pas mis assez d'intelligence ou d'ensemble dans leur marche, et jamais d'ailleurs, ni ceux-là, ni ceux-ci, n'ont eu l'art suffisant de déguiser leurs projets, soit respectifs, soit communs.

Enfin l'expérience nous a rendus sages et clairvoyans ; les royalistes et les anarchistes se sont convaincus qu'ils ne peuvent rien séparément, et les chefs des deux partis se sont déterminés à une réunion franche, loyale, mais secrète, de leurs forces. Cela ne suffiroit pas néanmoins dans un temps où le gouvernement, malgré ses revers maritimes, est encore brillant et fort de ses triomphes intérieurs et de ses invasions continentales ; mais la coalition est renouée, et bientôt ses foudres se feront entendre sur les divers points de nos frontières : en attendant, il s'agit de lui aplanir moralement les chemins vers le cœur de la France. La masse de ses habitans est malheureusement attachée à sa chimère de constitution de l'an 3 ; il faut lui faire voir qu'il n'en existe plus que le nom; qu'elle fut déchirée le 18 fructidor, et mise en lambeaux le 22 floréal; il faut rejeter sur le directoire exécutif toute l'horreur de ce double attentat; il faut le peindre comme ayant, par là, usurpé la souveraineté du peuple ; il faut affirmer qu'en vertu d'une convention ténébreuse avec Louis XVIII lui-même, il se dispose à prostituer sa puissance au rétablissement de l'antique monarchie, dont il doit recevoir, à titre perpétuel d'indemnités, les plus hautes faveurs.

Voilà comment nous accumulerons sur les cinq têtes les haines mêmes des plus francs constitutionnels ; voilà comment chacun finira par se demander : Mais pour qui donc irai-je me battre? et dès-lors plus de conscription; voilà comment l'esprit même des armées se refroidira et s'aliénera du gouvernement, pour tomber sous notre influence directe. Dans une telle situation, quels obstacles pourroient empêcher l'arrivée de nos libérateurs? Nous ne les attendrons même pas s'il se présente une occasion intermédiaire et décisive ; mais nous frapperons nous-mêmes le grand coup ; et quelle gloire pour nous ! quels droits à la reconnoissance du trône que nous aurons relevé !

C'est sur - tout par des écrits industrieusement répandus parmi le peuple et les armées, que nous amènerons les esprits au point de dégradation nécessaire à notre succès. Le grand art sera d'éviter également dans ces écrits toute couleur royale et anarchique : que les déclamations contre le directoire y portent l'empreinte d'un patriotisme paisible et raisonné ; qu'on y fasse profession d'un attachement inébranlable à la constitution ; qu'on y provoque un ralliement général autour d'elle, pour la faire relever des atteintes qu'elle a reçues, et pour assurer enfin aux citoyens la jouissance entière des bienfaits qu'elle leur promet ; qu'en même temps on y prêche l'oubli de toutes les haines et la persévérance d'une seule passion, qui sera celle de la liberté constitutionnelle : avec ces précautions, le succès est certain ; sans elles, nous nuirions à notre cause plus que nous ne la servirions.

MAILHE, (*à part.*)

Dissimulons encore. (*haut*) Eh ! vous présentez sérieusement cette tactique comme nouvelle ? elle est usée.

TERRIER.

Je conviens qu'elle a déjà été employée; mais jamais avec assez d'art, et toujours avec des imprudences qui laissoient appercevoir le but.

SATURNIN.

Terrier n'a pas tout dit ; Mitigat et Mailhe, qui sans doute ont entendu parler de mon ardent patriotisme, paroissent encore étonnés du changement de mon opinion; il faut leur en dire franchement la cause.

C'est avec l'appui des patriotes qu'au 18 fructidor le gouvernement abattit le royalisme : alors plusieurs d'entre nous furent rétablis dans les fonctions publiques; mais peu de temps après ils en furent presque tous expulsés, sous le vain prétexte de quelques excès ou exagérations, qui n'étoient que des vertus révolutionnaires et nécessaires. Cette ingratitude les exaspéra. Quelques-uns d'entre eux se rapprochèrent du royalisme; et c'est sur le plan de cette réunion que furent préparées les dernières élections dans plusieurs départemens : mais les heureux résultats en furent annullés par l'acte du 22 floréal. Je me trouvai personnellement atteint par cet acte infâme, et jamais je ne le pardonnerai à ceux qui le provoquèrent.

J'aimois le régime républicain, non pas tel qu'il est avec une constitution aristocratique, mais tel qu'il avoit été conçu par le célèbre martyr de Vendôme. Dans le désespoir de l'obtenir, j'y renonce ; mais, à son défaut, je préfère la royauté à toute autre forme de gouvernement, et cette détermination me promet deux grands avantages. D'abord, je me venge du directoire ; et périsse la liberté jusques dans ses derniers vestiges, pourvu que je satisfasse mon ressentiment ! Ensuite je jouerai sous la monarchie un rôle dont l'importance aura pour mesure celle de mes services. La même destinée vous attend l'un et l'autre, ainsi que vos amis et les miens, si vous travaillez à la mériter.

MITIGAT.

Que demandes-tu de nous ?

SATURNIN.

Toi, d'abord, tu es connu par des opinions modérées, sans avoir l'imprudente fougue de certains royalistes ; on sait que tu partages secrètement leur vœu : ta réputation te donnera une grande influence, soit sur les royalistes mêmes, pour leur apprendre à dissimuler leurs espérances, soit sur les esprits foibles et mécontens qu'encouragera la foi de ta sagesse, et qui se tiendront prêts à éclater à la première occasion.

MITIGAT.

Tu connois mal mon caractère politique ; et le voici en deux mots : lorsqu'il en étoit encore temps, je desirois le maintien de la monarchie par la crainte des désordres que je pressentois dans les résultats de sa chûte. Mais aujourd'hui que la république est établie, je desire, et tout Français, tant soit peu honnête et humain, doit franchement desirer avec moi qu'elle se maintienne, pour ne pas voir retomber la France dans un nouveau déluge de calamités publiques et privées, qu'entraîneroit nécessairement sa dissolution

TERRIER.

Nous vous guérirons de vos alarmiques préjugés.

SATURNIN.

Quant à Mailhe, il a une vieille réputation de patriotisme raisonnable qu'il lui sera facile de rajeunir, malgré sa dégradation civique, si les circonstances le demandent. Il a fait une étude de l'art avec lequel il faut paroître marcher sur la ligne qui sépare les deux extrêmes, et sa plume y est dès long-temps exercée. Nul ne sait mieux parler le langage de la constitution, ni plus adroitement broyer les couleurs séduisantes qu'exige notre plan ; et si une fois il se guérit de ses craintes sur le retour du régime révolutionnaire, qui donneroient à son style une teinte noire et suspecte ; s'il travaille imperturbablement à mettre notre systême en œuvre, et que ses écrits paroissent sous le nom de quelque républicain sans tache comme.....

MAILHE.

Tes prétendus éloges sont des outrages. L'art de déguiser ce qu'on pense ne fut jamais le mien. Si j'ai quelque mérite, il est dans ma franchise; et je vais t'en donner une preuve. Le plan que vous venez d'énoncer l'un et l'autre n'est qu'une horrible conspiration. Il révolte toutes les facultés de mon ame; et ce n'est qu'à force de me contraindre que j'ai pu l'entendre. Mais ce n'est point par les expressions seules de mon indignation que je veux vous répondre : j'opposerai le langage de la raison à celui du délire qui vous entraîne.

Tout votre systême repose dans le masque de patriotisme dont vous prétendez vous revêtir. Nous avons vu les plus habiles scélérats épuiser successivement cette ressource dans tous les sens dont elle est susceptible : mais les traces encore sanglantes de leurs succès et de leurs chûtes sont depuis long-temps, pour le peuple, une instruction toujours parlante à ses yeux et à son esprit; et vous ne le verrez plus s'agiter, dans sa masse, à la voix d'aucune espèce de charlatanisme politique.

Vous comptez sur votre réunion actuelle, et vous renchérirez, ajoutez-vous, sur les artifices de ceux qui vous ont précédés dans cette coupable carrière !

Mais, je vous le demande, à qui persuaderez-vous que vous soyez plus républicains que les membres du directoire exécutif ? N'est-il pas sensible à l'esprit le plus borné, que leurs intérêts, leur gloire, leurs destinées, leur existence, sont irrévocablement liés au maintien de la République ? Comment surmonterez-vous cette vérité manifeste ? et si elle doit naturellement triompher de tous vos efforts, comment échapperez-vous au cri national qui, à la première de vos déclamations, devancera l'action de la loi pour vous proclamer conspirateurs ?

TERRIER.

Il est une vérité plus frappante : sans constitution, point de république, point de liberté. Or, la constitution disparut devant les baïonnettes de fructidor.

MAILHE.

C'est un systême démenti par le fait.

Le 18 fructidor n'eut pour objet et pour résultat que d'arrêter le torrent qui alloit replonger la France dans les gouffres dévorans de la royauté.

SATURNIN.

Une telle apologie est vraiment curieuse dans ta bouche.

MAILHE.

Oui, tout victime que j'en suis, ma conscience me force à reconnoître que le 18 fructidor étoit nécessaire pour sauver la constitution. Jugez, d'après moi, si vous parviendrez à donner le change à l'opinion de ceux qui n'ont ressenti de cette journée que les effets conservateurs !

TERRIER.

Belle manière de sauver la constitution, que de la violer !

MAILHE.

Le directoire devoit-il imiter la démence de cette nation superstitieuse qui, pour ne pas violer la sainteté d'un jour consacré au repos par ses institutions, se laissa honteusement enchaîner, sans combat et sans défense, au joug d'un conquérant féroce qu'elle auroit pu facilement repousser ?

SATURNIN.

Parmi tes compagnons de proscription, en est-il beaucoup qui partagent ta manière d'envisager les objets ?

MAILHE.

Je l'ignore; mais j'aime à le croire.

MITIGAT.

J'en ai vu plusieurs de ceux qui, comme lui, se sont tenus cachés à Paris; et j'atteste que j'ai entendu sortir de leurs bouches à-peu-près le même langage.

SATURNIN.

Mais, de-là, il résulteroit que tous les fructidorisés étoient républicains.

MAILHE.

La conséquence ne seroit pas juste, et j'en sens l'ironie; mais elle se réduiroit simplement à dire qu'ils n'étoient pas tous coupables.

SATURNIN.

Toi, par exemple, tu ne l'étois pas?

MAILHE.

Dispense-moi de te répondre.

MITIGAT.

Les vrais royalistes étoient dans un petit extrait de Clichy, qui, à l'insu de la réunion générale, s'étoit érigé en comité particulier et secret.

MAILHE.

Elle a été, en effet, connue trop tard, l'existence de cet exclusif comité. Si la plupart des Clichiens, ou une portion quelconque de ceux dont on trompoit les intentions républicaines, s'en étoient seulement doutés avant le 18 fructidor, j'ose garantir qu'ils n'auroient rien vu de plus urgent que de l'inviter à se dissoudre, ou de le dénoncer au gouvernement, au corps législatif, à la France entière.

TERRIER.

Cela même tournera au succès de nos combinaisons ; car, n'eût-il frappé qu'un petit nombre d'innocens, c'est-à-dire, de républicains, ou même un seul, le 18 fructidor doit révolter les amis mêmes du gouvernement.

MAILHE.

Cette observation seroit juste par rapport aux résultats de la justice réglée qui ne doit procéder que d'après la conviction. Il n'en est pas tout-à-fait ainsi par rapport aux mesures d'état, où tel qui n'a que les apparences du crime, peut naturellement se trouver confondu avec celui qui en porte les caractères.

TERRIER.

S'il y avoit de prétendus coupables, il falloit les faire juger selon les formes constitutionnelles. Condamnés sans avoir été même entendus, ils sont tous censés innocens. Que de terribles conséquences, que de séduisantes déclamations, ce principe bien développé ne peut-il pas fournir pour rendre odieux le directoire exécutif!

MAILHE.

Qui ne sait pas que la lenteur des formes est inconciliable avec le rapide besoin d'arrêter un danger imminent? Ignore-t-on d'ailleurs que notre condamnation ne fut point l'ouvrage du directoire? Il fit le 18 fructidor; il sauva la république: voilà tout ce que ses ennemis peuvent lui reprocher.

TERRIER.

Et la loi additionnelle qui vous assimile aux émigrés, si vous ne vous présentez pas vous-mêmes pour subir votre peine, direz-vous aussi qu'elle ne fournit pas des armes directes contre le gouvernement?

MAILHE.

Oui, je le dirai; c'est le gouvernement que vous prétendez rendre odieux, et c'est hors de lui que vous êtes forcés de chercher vos bases. Ses droits et ses devoirs sont concentrés dans l'exécution des lois ; et je doute que vous puissiez trouver aucun fondement d'attaque dans la manière dont il les a exercés ou remplis.

Qu'importe donc ici la loi dont vous parlez?

Nos législateurs l'ont crue nécessaire pour compléter celles des 19 et 22 fructidor : de quelle autorité irez-vous en contester les motifs ? Tant qu'une loi n'existe qu'en projet, chaque citoyen a le droit de faire toutes les observations dont elle est susceptible ; mais ce droit cesse dès l'instant qu'elle a reçu le caractère sacré de loi, et l'on ne peut plus voir, dans les discours ou dans les écrits de ses détracteurs, qu'une provocation criminelle à la désobéissance ou à la rebellion.

Je ne veux pas faire l'apologie de la nouvelle mesure qui aggrave ma peine ; mais je dois la respecter et m'y soumettre : et, si j'avois quelque censure à faire, elle seroit dirigée contre l'imprudent défenseur qui, par ses violentes diatribes, a fait supposer que nous avions des appuis, que nous étions dangereux, quand nous ne sommes qu'à plaindre.

TERRIER.

Je conviens que les diverses mesures qui ont suivi le 18 fructidor, et dont nous pouvons, sur-tout, nous prévaloir pour effrayer et ameuter les esprits, ne sont pas précisément l'ouvrage du directoire; mais elles peuvent lui être attribuées aux yeux de la multitude constitutionnelle, comme étant des résultats naturels de ce 18 fructidor, dont il fut l'unique auteur.

MAILHE.

Est-il vrai que, sans le 18 fructidor, la France ne seroit plus République?

TERRIER.

La chose est incontestable.

MAILHE.

Eh bien! que faut-il de plus pour justifier le gouvernement aux yeux de cette multitude républicaine que vous prétendez animer contre lui ? Si vous étiez atteint d'un trait mortel, et qu'un habile et courageux artiste, en l'arrachant de votre sein, vous rendît à la vie et à la santé, écouteriez-vous ceux qui vous pousseroient à lui faire un crime des suites douloureuses de son opération ?

TERRIER.

La liberté fut violée au 18 fructidor; et l'on peut dire d'elle ce qu'un auteur célèbre a dit de l'honneur : On n'y rentre plus dès qu'une fois on en est sorti. Voilà ce qu'il faut inculquer dans l'esprit de ceux qui se bercent encore d'idées constitutionnelles.

MAILHE.

La présence de la constitution et des institutions consacrées par elle, est une réponse vivante à tous les argumens de ce genre.

Qu'on lise d'ailleurs l'histoire des auciens peuples libres : on y trouvera de fréquentes atteintes données à leurs constitutions par l'impérieuse nécessité des circonstances, et cependant la liberté n'en éprouvoit qu'une éclipse éphémère, d'où elle se relevoit et plus fière et plus triomphante.

Les plus grands publicistes, Montesquieu lui-même, ont reconnu et justifié cette nécessité. Ils en ont fait une maxime qui est dans la bouche des républicains les moins lettrés. Quel fruit pouvez-vous donc attendre de votre plan de séduction ?

SATURNIN.

Je ne vois rien à répliquer au raisonnement de Mailhe ; on peut même le porter plus loin. Le 18 fructidor n'ayant frappé que les royalistes, ce seroit évidemment nous trahir que de le blâmer ouvertement ; il vaut mieux le passer sous silence, que dis-je ? il faut en parler dans un sens apologétique : c'est un des meilleurs moyens de rendre impénétrable le voile qui doit couvrir notre but.

L'acte du 22 floréal, au contraire, a frappé le plus pur patriotisme; et certes, il répugne à la nature des choses qu'une pareille mesure puisse être nécessaire dans un état libre. C'est uniquement pour atteindre les amis de la liberté que cet acte brisa les choix du peuple, et sapa la constitution dans son premier fondement. Qu'auroit pu faire de mieux le roi que nous voulons donner pour successeur au directoire exécutif? et l'on ne peut pas nier que cette mesure destructive de toute idée de liberté ne soit l'œuvre du gouvernement : la France et l'Europe savent qu'elle fut dictée par un audacieux message. Voilà notre véritable champ de bataille; et si nous savons y manier les armes du patriotisme constitutionnel sans aucune apparence d'alliage qui lui soit étranger, il est impossible que la victoire ne nous reste!

MAILHE.

Quelle étrange illusion! tout-à-l'heure tu convenois que les élections annullées par la loi du 22 floréal avoient été concertées entre les royalistes et ceux que tu appelles *patriotes ;* et d'ailleurs, ce concert est notoire. Mais je veux que vous parveniez à détruire les impressions qui en restent : en demeurera-t-il moins constant que les choix qu'il s'agit de défendre étoient émanés, non pas de la volonté du peuple, mais des combinaisons de l'intrigue, de l'audace et de la violence ? que les prétendus élus avoient figuré parmi les acteurs les plus effrénés de 1793? que leur mission et leur vœu étoient d'anéantir le régime constitutionnel, et de venger, sinon la cause précise des rois, du moins celle des Robespierre et des Babœuf? Quel sera donc le résultat de votre attaque contre le 22 floréal, en supposant que vous ne laissiez pas pénétrer votre royalisme? Vous prouverez la permanence d'une faction qui ne veut d'aucune espèce de gouvernement, qui ne reconnoît d'autre loi que les accidens de sa volonté, ni d'autre justice que le cri de ses besoins et de ses passions. Vous prouverez que le 22 floréal a prévenu les attentats de l'anarchie, comme le 18 fructidor avoit brisé les essais de la royauté. Enfin vous prouverez, ou pour mieux dire, vous rappellerez au peuple que le gouvernement ne favorise pas plus une faction qu'une autre; qu'il les frappe et les renverse indistinctement toutes, sous quelque livrée qu'elles se présentent; et voilà précisément ce que veulent le peuple et la constitution.

SATURNIN.

Tu trouves par-tout des difficultés, et cela commence à me fatiguer; nous ne t'avons présenté notre projet qu'en grand. C'est donc dans leur ensemble, et non dans des détails isolés, qu'il faut considérer les moyens d'exécution; ces moyens sont infinis : mais, en général, ils sont liés les uns aux autres, et destinés à se prêter un mutuel secours. Il en est même de majeurs, dont nous ne t'avons pas encore parlé, et qui, seuls, pourroient suffire, s'il en étoit besoin.

Par exemple, l'époque des élections de l'an VII s'approche ; et déjà les principales mesures sont prises pour les diriger entièrement à notre gré : mais, quand nous ne parviendrions à faire entrer au corps législatif que cent *patriotes* de ma trempe, il n'est pas de pouvoir, il n'est pas d'obstacle qui ne cédât au talisman de leur réputation révolutionnaire, ou à l'opiniâtreté de leur audace.

MAILHE.

Qu'importe la multiplicité de vos rouages? il en faudroit beaucoup, sans doute, pour imprimer quelque mouvement à une machine destinée à jouer contre un gouvernement dont le maintien est cher ou nécessaire à presque tous les Français : mais cette multiplicité même ne serviroit qu'à vous trahir plutôt. Qu'un seul des ressorts manque ou soit apperçu, et tout s'écroule dans l'instant. Or, je n'en vois pas un qui ne soit déjà connu, ou qui soit de nature à pouvoir échapper à la prévoyance du gouvernement ; il est même facile d'en juger d'après tes propres assertions. Tu regardes les prochaines élections comme un de ces principaux ressorts; mais peux-tu douter que l'œil du directoire ne soit ouvert sur un aussi important objet? L'expérience ne lui a-t-elle pas fait connoître tous les genres de manœuvres que les royalistes ou les anarchistes peuvent employer pour s'emparer des élections? Quel est l'intérêt du peuple dans ce grand acte de sa souveraineté? Son intérêt, comme son vœu, est de n'élire que des hommes dont les mains soient pures de vengeances, de sang, de rapines, en un mot, de toute tache, soit anarchique, soit royale; que des hommes étrangers à tout esprit de faction; que des hommes qui, à un républicanisme éprouvé, joignent les vertus et les talens propres aux fonctions qu'il s'agit de leur déléguer. Ignores-tu que l'intérêt et le vœu du gouvernement sont exactement les mêmes? Crois-tu donc qu'il ne saura pas éclairer le peuple sur les divers piéges qui pourroient lui être tendus? Si c'est à la violence que vous prétendez livrer les assemblées primaires ou électorales, croyez-vous qu'il n'aura pas su tout disposer pour protéger une majorité paisible et bien-intentionnée, contre une entreprenante et conspiratrice minorité? et si l'audace des factieux pouvoit l'emporter sur la sagesse de ses mesures, croyez-vous que le corps législatif, qui s'est si énergiquement prononcé pour le maintien de l'ordre établi, voulût admettre dans son sein des hommes dont le choix n'auroit pas été le vrai résultat de la volonté populaire? Croyez-vous enfin que le génie conservateur de la République soit mort ou assoupi?

SATURNIN.

Oh! C'en est trop! Veux-tu, ou ne veux-tu pas entrer dans notre projet?

TERRIER.

Saturnin a raison : il faut répondre cathégoriquement.

MAILHE.

Je croyois m'être assez expliqué. Vous ne marchez qu'à votre perte; et malheur aux lâches qui vous suivront, et aux crédules que vous aurez égarés!

TERRIER.

Il ne s'agit que de faciliter les succès de la coalition, qui, d'ailleurs, sauroit bien seule franchir tous les obstacles: mais alors les résultats seroient plus terribles pour la France, et moins avantageux pour nous.

MAILHE.

Les leçons du passé seront-elles donc toujours perdues? avez-vous oublié les chances favorables qu'eut, en 93, l'ancienne coalition? Maîtresse de plusieurs de nos boulevards, elle serroit la France sur ses quatre points cardinaux, pressant le cours de ses envahissemens à la faveur de la trahison qui précédoit sa marche. Dans l'intérieur, elle étoit favorisée par la rebellion ouverte d'un grand nombre de départemens, par ses intelligences avec des hommes qui, à l'ombre d'un faux patriotisme, jouissoient de la plus vaste influence, par l'oppression même des républicains, par un mécontentement universel, par l'absence de tout gouvernement organisé, par la haine et l'horreur qui poursuivoient de toutes parts cette espèce d'autorité décemvirale, dont les seuls ressorts étoient le caprice, l'ignorance et la barbarie. Si, dans un tel état de choses, les rois ligués furent vaincus et repoussés au-delà de leurs propres frontières, par des bataillons formés à la hâte, et qui n'avoient jamais vu le feu, mais à qui l'amour de la patrie et l'instinct de l'héroïsme tenoient lieu de discipline et de tactique; que pourroient-ils aujourd'hui qu'un gouvernement voulu par le peuple, et environné de la puissante magie des succès, joint déjà aux combinaisons d'une profonde théorie, toutes les ressources de l'expérience, et peut tout ce qu'il veut au nom de la loi ; aujourd'hui qu'il commande à des armées fières d'une constitution qu'elles ont acceptée, et qu'elles regardent, en quelque sorte, comme le fruit de leurs victoires ; à des armées qui, après avoir effacé tous les prodiges de l'histoire et de la fable, ne sauroient voir, dans une nouvelle coalition, qu'une carrière ultérieure de gloire, cent fois plus facile à exploiter que la première ?

TERRIER.

Ne vous avons-nous pas dit que l'art de séduire les armées fait partie de notre plan ?

MAILHE.

Oseriez-vous faire cette outrageante supposition devant le moins fidèle des soldats français ?

SATURNIN.

Va ! tu mérites bien ton sort !

MAILHE.

Je saurai le supporter.

SATURNIN.

Et nous, nous saurons, sans toi, conduire notre entreprise.

MAILHE.

Si l'exécution n'en étoit pas impossible, ne seriez-vous pas du moins effrayés par l'image des fleuves de sang qu'il faudroit traverser pour rétrograder vers la monarchie?

TERRIER.

Que dites-vous, Mitigat, du langage et de l'inconcevable résistance de Mailhe?

MITIGAT.

Je ne partage pas l'exubérance et la chaleur de ses idées; mais j'en adopte le résultat.

Si les choses étoient entières, et qu'il fût question de voter pour la monarchie ou pour la république, je ne balancerois pas sur le choix : si même, dans la situation actuelle, le rétablissement de la royauté pouvoit s'opérer sans convulsions, sans déchiremens, mon inclination me porteroit à y contribuer de toutes mes forces ; mais songe à quel prix il faudroit acheter un tel événement, s'il n'étoit pas chimérique! pour moi, j'avoue que la seule idée m'en fait frissonner.

TERRIER.

Quelque effusion de sang vous épouvante ; c'est un malheur nécessaire, sans doute : mais ne voyez-vous point qu'il ne tombera que sur ceux qui résisteront à nos insinuations ou à nos armes?

MAILHE.

Que n'y auroit - il pas à dire et sur la barbarie et sur la témérité de votre attente, et le bouleversement que la contre-révolution porteroit dans les transactions sociales, dans les familles, dans tous les membres de la République ? Qu'en dites-vous?

TERRIER.

J'avoue que tous les paiemens et accords faits dans le cours du papier-monnoie, que tous les remboursemens de rentes, que toutes les ventes dites nationales, que tous les contrats et jugemens passés ou rendus en vertu des lois républicaines, seroient déclarés nuls et de nul effet : mais quoi de plus naturel ? Tout ce qui fut fait dans les premiers temps de la révolution, sans le consentement libre du roi, tout ce qui a été fait ensuite en l'absence de la royauté, c'est-à-dire, hors de l'autorité légitime, ne doit-il pas évidemment être considéré comme non-avenu ?

MAILHE.

J'admire le sang-froid avec lequel vous envisagez les iniquités, les désordres, l'inextricable chaos qu'ameneroit un tel résultat.

Et les vengeances encore plus effroyables qu'auroient à exercer votre Louis XVIII et ses hordes d'émigrés, les comptez-vous aussi pour rien ?

TERRIER.

Le premier acte de la royauté rétablie,

seroit la proclamation d'une amnistie générale; et c'est ce qu'il faudra soigneusement annoncer.

MAILHE.

On sait que les passions les plus lâches et les plus féroces ont l'art de se contraindre, quand il le faut, pour mieux assurer leur explosion. Oui, sans doute, la politique commanderoit les apparences d'une amnistie; mais à qui prétendez-vous en persuader la sincérité?

Aux Parisiens? Après tout ce qu'ils ont provoqué, fait et toléré, leur immense et trop populeuse cité seroit, avec raison, jugée incompatible avec la sûreté royale; il faudroit, ou la démolir, ou du moins la réduire à des bornes ordinaires.

Aux républicains? Tant qu'il en resteroit un, la mort planeroit sur le trône : il faudroit donc les exterminer tous par des voies plus ou moins directes, plus ou moins rapides.

Aux patriotes exaltés? S'ils échappoient aux vengeances prétendues légales, pourroient-ils échapper aux mille tocsins des vengeances particulières?

Aux armées? Le crime d'avoir renversé plusieurs trônes et fait chanceler tous les autres, n'est pas de nature à pouvoir être oublié ou pardonné.

A la masse du peuple? Mais d'abord, que lui importeroit une amnistie? C'est à-peu-près comme si on lui disoit: « Peuple, tu n'es qu'un troupeau d'es-« claves; en te rendant libre, tu as « mérité la mort. Cependant, nous vou-« lons bien te faire grace pour le passé; « mais il faut qu'avec le joug de la dîme, « tu reprennes tes corvées, tes banalités, « toutes tes chaînes féodales; que tu « rendes tout ce que tu as acquis pendant « ta coupable émancipation; que tu in-« demnises tes seigneurs de toutes les « pertes qu'ils ont éprouvées depuis « 89; que tu reconnoisses que tes pro-« priétés sont leurs propriétés; que tu « n'as que le droit de les arroser de « tes sueurs, avec l'honneur d'en porter

« le produit net dans leurs mains pri-
« vilégiées, etc., etc., etc. »

Le peuple sait bien qu'on n'auroit pas intérêt de l'égorger en masse; mais il sait aussi que le repos du trône demanderoit les exemples les plus effrayans; que les parlemens seroient là pour interpréter les intentions cachées, et faire une application arbitraire de la prétendue amnistie : qu'en effet, il seroit de la politique royale de sacrifier la portion la plus généreuse du sang d'un peuple qui osa proclamer sa liberté, de lui ôter le sentiment de son existence, en le privant de tous les hommes dont le courage ou les lumières seroient ou paroîtroient redoutables; d'immoler, soit publiquement, soit en secret, tout ce qui auroit joué un rôle effectif ou apparent, dans les diverses périodes de la révolution.

MITIGAT.

Ajoutons que les émigrés ne se donnent pas même la peine de dissimuler l'atroce ressentiment qu'ils couvent dans leurs âmes. Dernièrement, dans un cercle où je me trouvois, il étoit question d'un journaliste, ci-devant noble, condamné à la déportation par la loi du 22 fructidor. Quel dommage, disoit un individu! c'est un homme de génie, un parfait honnête homme qui n'a jamais dévié de la bonne ligne des principes, et qui longtemps s'étoit tenu renfermé, comme nous, dans la plus sage circonspection. — Mais aussi, répondit un autre, il leva trop ouvertement le masque : on peut dire qu'il se livra, tête baissée, au danger de se perdre infructueusement. — C'étoit, répartit un émigré caché à Paris, c'étoit la moindre chose qu'il pût faire pour expier le crime d'être resté en France; et il n'en sera pas quitte à si bon marché.

Je pourrois citer mille autres traits de cette nature, échappés à la naïveté de ces hommes ulcérés par les regrets de leurs pertes, par la longue inutilité de leurs crimes et la conscience de leur opprobre. J'en pourrois citer de plus révoltans encore, et qui annoncent des vengeances sans mesure et sans bornes; mais celui-là suffit pour donner une idée du sort qui nous attend en France, si jamais les émigrés pouvoient y rentrer triomphans. Pour moi, je suis convaincu que tous les ci-devant nobles, non-émigrés, seroient au moins dégradés; que les émigrés, et ceux des Français restés dans l'intérieur avec une mission royale, se distribueroient exclusivement toutes les faveurs, tous les priviléges, et que tout ce qui échapperoit en France à leurs poignards, seroit condamné à végéter dans un état de servitude et d'oppression, dont les fastes du despotisme n'auroient pas fourni d'exemple.

MAILHE.

Croyez-moi, renoncez à vos coupables machinations : je vous en ai fait voir la frivolité, elles ne peuvent vous conduire qu'à l'échafaud. Vous avez le bonheur de conserver encore l'intégrité de vos droits civiques; profitez-en pour vous rendre dignes des bienfaits du régime républicain.

Si vous avez de l'ambition, ajoutez à vos talens l'exercice des vertus nécessaires, pour faire oublier vos écarts, et forcer le gouvernement ou le peuple, à vous distinguer dans leurs choix.

Auriez-vous une pareille perspective sous le règne hypothétique de ce visionnaire prétendant, dont vous auriez favorisé le retour? Voulût-il vous élever à quelque vain honneur, pourroit-il jamais vous arracher à la bassesse réelle où vous seriez tombés par votre trahison? Mais vous ne recueilleriez même pas ce misérable fruit de vos crimes: devenus l'éxécration de l'humanité, odieux à ceux mêmes que vous auriez servis, vous ne seriez que de vils instrumens dont ils n'auroient plus besoin, et qu'ils seroient forcés de sacrifier, soit à l'opinion, soit à la crainte d'éprouver à leur tour les effets de cette perfidie, dont ils connoîtroient le mobile et l'activité.

TERRIER.

Vous faut-il des assurances sur vos diverses craintes? parlez : votre roi. . . . .

MAILHE.

Mon roi! Sentez-vous toute l'horreur de votre blasphême? En vérité, j'aurois pitié de votre délire, si les vœux et les discours qu'il vous suggère pouvoient inspirer un autre sentiment que l'indignation!

TERRIER.

Brisons là! je suis au bout de ma patience.

MAILHE.

Permettez-moi, cependant, de mettre une dernière considération sous vos yeux.

Avez-vous compté les royalistes et les anarchistes, dont la réunion fait la base de votre plan d'attaque? Savez-vous qu'ils ne forment pas tous ensemble le dixième de la nation?

Savez-vous que les royalistes ne sont pas d'accord entr'eux? qu'ils sont divisés en 4 ou 5 sectes? qu'une d'elles seulement tient, avec vous, pour le prétendant de Mittau? que toutes les autres le craignent ou le méprisent ? que chacune est opiniâtrément attachée, selon la diversité des intérêts et des spéculations particulières, au système qu'elle s'est fait, et sur la forme d'une nouvelle monarchie, et sur l'individu qu'elle voudroit en établir le chef ?

Savez-vous que les anarchistes ne sont guères moins divisés ? que, parmi leurs chefs, les uns sont vendus à la royauté, les autres soupirent après le retour du régime de 93, et quelques-uns voudroient encore renchérir sur les horreurs connues de l'anarchie ? que la presque totalité de ceux qu'ils regardent respectivement comme leurs sectateurs les plus dévoués, n'est qu'égarée par des prestiges puisés dans son amour même pour la liberté ? que son instinct et ses véritables intérêts la rameneroient bientôt à la vérité ? qu'au premier instant où elle reconnoîtroit le but de ses séducteurs, elle les abandonneroit pour se réunir aux défenseurs du gouvernement et de la constitution ?

S'il vous étoit possible de nouer votre abominable intrigue, je vous attendrois au dénouement : il seroit terrible pour vous et vos pareils, soit par rapport aux divisions des chefs des diverses factions qui, en se disputant leur proie, se dévoreroient entre eux, soit par rapport à la fatale obligation que vous auriez imposée aux républicains vainqueurs, de déployer toute la vigueur nécessaire pour mettre un terme aux dangers de la liberté.

MITIGAT.

Heureusement pour la France et pour les factieux eux-mêmes, ils resteront toujours réduits à leur méprisable minorité. Le nombre de leurs Séides va même toujours décroissant ; et s'ils étoient moins aveuglés, ils verroient que tous les moyens de réparer leurs pertes sont irrévocablement épuisés. Chaque jour, au contraire, on voit s'agrandir la masse imposante des vrais républicains. Les indifférens, ceux-mêmes qui paroissoient les plus éloignés du gouvernement établi par la volonté du peuple, sentant le besoin de s'en rapprocher, se rallient autour de lui par raison, et s'y attachent par sentiment; et je vois sensiblement s'approcher l'époque où les chefs invétérés du royalisme et de l'anarchie, resteront seuls avec leurs crimes et leurs remords.

MAILHE.

Les momens sont peut-être plus précieux que vous ne pensez. Hâtez-vous donc, Terrier et Saturnin, et tandis qu'il en est tems encore...

SATURNIN, *(en s'adressant à Terrier.)*

Je vous l'avois bien dit que nous n'obtiendrions rien de lui; il ne sait pas même s'élever au plaisir de la vengeance: ne nous en étonnons point; c'est un plaisir qui n'appartient qu'aux grandes ames.

MAILHE.

Dis plutôt qu'il n'appartient qu'aux lâches. Comment pourrai-je d'ailleurs justifier à mes propres yeux l'idée de me venger? Si j'étois criminel, on a dû me punir; si j'étois innocent, je suis sûr qu'on ne m'a frappé que parce qu'on me croyoit coupable.

MITIGAT.

Plût-à-Dieu que tous les hommes froissés par la révolution, eussent fait ainsi abnégation de tout ressentiment! nous n'aurions pas à gémir sur ce flux et reflux de passions particulières qui ont couvert la France du sang de tant de bons citoyens.

TERRIER.

Mailhe, réfléchissez du moins sur l'horreur de votre position. Le moyen que nous vous offrons d'en sortir est unique; il peut être chanceux, mais enfin votre intérêt personnel veut. . .

MAILHE.

Mon intérêt! puis-je avoir un intérêt contraire à celui de ma patrie?

SATURNIN.

Mais tu n'as plus de patrie, tu n'es plus citoyen.

MAILHE.

Il est trop vrai; je l'ai perdu ce titre, le plus beau que l'on puisse porter sur la terre; mais le sentiment en reste gravé au fond de mon cœur, et quel que soit mon sort, quel que soit le sol où je suis destiné à végéter, je serai toujours par la pensée au sein de la grande République. Mes vœux devanceront tous les événemens relatifs à sa prospérité; la renommée m'apprendra la stabilité de son gouvernement, la continuité de ses triomphes, la chûte ou la résipiscence de tous ses ennemis, et je serai encore heureux de son bonheur.

TERRIER.

Le souper est servi.

MAILHE.

Je n'en suis plus, je me retire.

MITIGAT.

Et moi je te suis.

Paris, 18 *nivôse an* 7.

MAILHE.

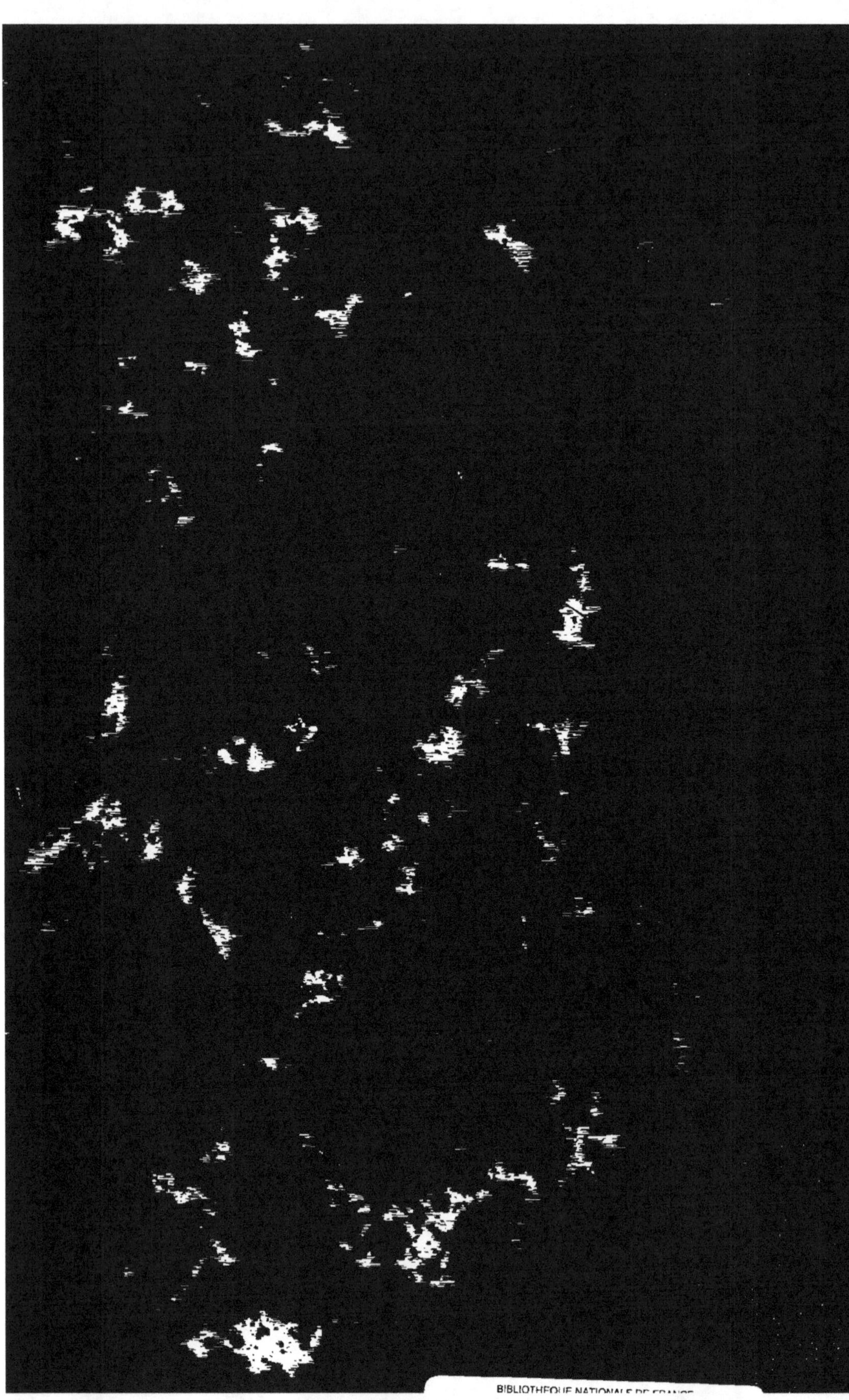

www.ingramcontent.com/pod-product-compliance
Lightning Source LLC
La Vergne TN
LVHW010038230826
846091LV00005B/1762

* 9 7 8 2 0 1 3 3 6 3 8 7 7 *